MÉTODO PILATES
PARA CRIANÇAS

INSTITUTO PHORTE EDUCAÇÃO
PHORTE EDITORA

Diretor Presidente
Fabio Mazzonetto

Diretora Financeira
Vânia M. V. Mazzonetto

Editor-Executivo
Fabio Mazzonetto

Diretora Administrativa
Elizabeth Toscanelli

CONSELHO EDITORIAL

Educação Física
Francisco Navarro
José Irineu Gorla
Paulo Roberto de Oliveira
Reury Frank Bacurau
Roberto Simão
Sandra Matsudo

Educação
Marcos Neira
Neli Garcia

Fisioterapia
Paulo Valle

Nutrição
Vanessa Coutinho

MÉTODO PILATES
PARA CRIANÇAS

ANDRÉA MELO

São Paulo, 2016

Método Pilates para Crianças
Copyright © 2016 by Phorte Editora

Rua Rui Barbosa, 408
Bela Vista – São Paulo – SP
CEP 01326-010
Tel./fax: (11) 3141-1033
Site: www.phorte.com.br
E-mail: phorte@phorte.com.br

Nenhuma parte deste livro pode ser reproduzida ou transmitida de qualquer forma, sem autorização prévia por escrito da Phorte Editora Ltda.

CIP-BRASIL. CATALOGAÇÃO NA PUBLICAÇÃO
SINDICATO NACIONAL DOS EDITORES DE LIVROS, RJ

M485m

Melo, Andréa
Método pilates para crianças / Andréa Melo. - 1. ed. - São Paulo : Phorte, 2016.
76 p. : il.

ISBN 978-85-7655-601-5

1. Pilates, método. 2. Exercícios físicos. I. Título.

16-30337 CDD: 613.17
CDU: 613.17

Este livro foi avaliado e aprovado pelo Conselho Editorial da Phorte Editora.

Impresso no Brasil
Printed in Brazil

Para Arthur.

Agradecimentos

Às crianças: Jéssica, Dener, Luigi e Laerte, por me ensinarem tanto!

Aos pais das crianças, que autorizaram os estudos e as imagens.

À Fábia Melo, pois, sem seu apoio e sua colaboração, este estudo não seria possível.

A Carlos Fernando Cunha, pela revisão.

À querida professora Renata Ungier de Mayor, pelo simpático e rico prefácio.

Brincar não está necessariamente relacionado somente a se submeter às brincadeiras convencionais. Propriamente falando, o termo brincar, como usamos aqui, abrange toda possível forma de VIDA PRAZEROSA.

Pilates e Miller (1998b, p. 7, tradução nossa)

Apresentação

O presente livro tem o objetivo de contribuir e de levantar discussões a respeito do método pilates aplicado às crianças. Ele registra a produção de estudos e de sistematizações que buscaram desenvolver o método pilates com crianças entre 5 e 14 anos.

A obra é resultado de experiências individuais e coletivas desenvolvidas com o método pilates no JF Pilates – Studio Andréa Melo, em Juiz de Fora, Minas Gerais.

O primeiro e o segundo capítulos do livro abordam o contexto histórico da atividade física no mundo e no Brasil, especialmente no que diz respeito à adesão das crianças à prática.

No capítulo terceiro, é apresentado o método pilates para crianças (MPpC), seus objetivos de trabalho, suas perspectivas e suas reflexões gerais.

O quarto capítulo aborda a importância da família e da escola na melhora e no desenvolvimento da boa postura das crianças: suas influências, interferências e responsabilidades no processo.

A avaliação postural é abordada no quinto capítulo, visando buscar conhecimentos sobre a criança nos âmbitos físico, biomecânico, psicocomportamental e social.

A estruturação do MPpC é abordada no sexto capítulo. Os princípios do método, seus movimentos e seus exercícios são apresentados e discutidos nesse momento.

No capítulo sétimo, compartilho registros fotográficos para ilustrar exemplos de práticas que vivenciamos durante o período de trabalho e de pesquisa.

Espero, com este livro, contribuir para o desenvolvimento do método pilates, para o trabalho dos profissionais da área e, principalmente, beneficiar as crianças com a abordagem desenvolvida.

Boa leitura!

Prefácio

Quando falamos em Educação Física, a palavra que vem imediatamente à cabeça é *ginástica*. No entanto, a Educação Física é, antes de tudo, Educação. Em uma sociedade que valoriza, de um lado, o desenvolvimento das faculdades cognitivas, mentais, e, de outro lado, a adequação do "físico" a padrões estéticos impostos segundo os códigos vigentes, perde-se de vista a função verdadeiramente educativa de práticas corporais que busquem a integração entre o corpo e os demais aspectos que constituem o indivíduo. Tais práticas se baseiam, em geral, na conscientização do movimento, no aprendizado do gesto justo e na harmonização das estruturas mecânicas, no sentido de proporcionar uma economia de esforço e uma diminuição do desgaste osteoarticular.

Nos últimos anos, vem crescendo o número de pessoas que buscam a "ginástica" com uma finalidade de promoção da saúde, e não apenas para modelar um "corpo perfeito". A explosão do método pilates no Brasil se liga diretamente a esse processo, por tratar-se de uma técnica que, embora se assemelhe, em certos aspectos, à musculação (com a qual o público já tem muita familiaridade), diferencia-se por ter, entre seus pilares fundamentais, a consciência do corpo, a harmonia do gesto e a fluidez do movimento.

Nesta obra, Andréa Melo propõe uma visão mais ampla, não apenas do método pilates, mas da função educativa do professor de ginástica. Ela insere seu trabalho no contexto sociofamiliar do aluno, tornando-o agente de sua educação postural e motora, dando a ele a responsabilidade de transformar, até mesmo, o funcionamento de sua casa, de sua família e de sua escola. Os resultados de sua proposta, evidenciados nos últimos capítulos deste livro, mostram que a criança pode alcançar um nível de elaboração de sua autopercepção bem mais sofisticado do que se poderia pensar, e, de fato, tomar posse de seu corpo, tornando a "aula de ginástica" um ato político.

No método Godelieve Denys-Struyf (GDS) de cadeias musculares, são descritas estruturas psicocorporais que se relacionam com aspectos da personalidade humana e com a maneira como o humano se relaciona com o meio. Uma delas é de tal forma imprescindível, que sua presença é fator determinante para a saúde de todas as outras. Trata-se da cadeia muscular anteroposterior (AP), ou estrutura psicocorporal. A estrutura AP representa o riso, o lúdico, a brincadeira, o jogo de cintura, a adaptabilidade e o prazer na vida.

Talvez, uma das maiores qualidades do trabalho de Andréa Melo seja a inserção da AP em todas as etapas de seu processo de ensino do método pilates

– não apenas para crianças, mas para todos os seus alunos. Com a AP, a conscientização e o aprendizado cognitivo se dão de forma lúdica. A ginástica deixa de ser um extenuante sacrifício em prol do corpo sarado e se torna um prazeroso encontro com sua própria individualidade. A criança que entra em contato com a corporalidade dessa maneira constrói ativamente uma vida adulta mais harmônica e mais saudável.

Renata Ungier de Mayor
Fisioterapeuta, mestre em Saúde da Criança
pelo Instituto Fernanda Figueira (IFF-Fiocruz),
coordenadora da Formação GDS-Rio de Janeiro e presidente
da Associação de Praticantes do Método GDS (APGDS-Brasil)

Sumário

1 Histórico da atividade física para criança no mundo ... 17

2 Histórico da atividade física para criança no Brasil ... 21

3 O método pilates para crianças (MPpC) ... 23

4 A importância da comunidade escolar e da família
sobre a boa postura das crianças ... 25

5 Avaliação postural ... 31

6 Estruturação do método pilates para crianças ... 35
6.1 Trabalhos respiratórios ... 35
6.2 Mobilização e estabilização de quadris e escapular .. 37
6.3 Rolamentos ... 39
6.4 Pilates *mat* tradicional ... 47
6.5 Sugestões para aulas práticas ... 50

7 Trabalhos feitos ... 61
7.1 Registros feitos pelos alunos em aula ... 61
7.2 Fotos dos alunos em aula ... 65

Considerações finais ... 71

Referências ... 73

1 Histórico da atividade física para criança no mundo

> O controle da sociedade sobre os indivíduos não se opera simplesmente pela consciência ou pela ideologia, mas começa pelo corpo. Foi no biológico, no somático, no corporal que antes de tudo investiu a sociedade capitalista. O corpo é uma realidade biopolítica. (Foucault, 1986, p. 17)

No século XIX, nasceu, na Europa, o Movimento Ginástico Europeu: sua base de exercícios era o campo do divertimento (festas populares, circo e espetáculos de rua), atividades vivenciadas em grupo. A ginástica, ao contrário dessas atividades, passou a incorporar princípios da ordem e da disciplina. Baseada na ciência e na preocupação com a técnica de execução, a ginástica passou a ser reconhecida pelos círculos intelectuais e foi parte de projetos de educação da população. Nesse momento, valorizava-se o corpo reto e o porte rígido. Eram preconizados exercícios para moldar e adestrar o corpo, concretizando seus vínculos com a ciência em nome da saúde.

A ginástica ganhou um contexto ordenador, disciplinador e metódico, deixando de lado o corpo que desperta o riso, livre e expressivo, das atividades populares. A Educação Física passou a preocupar-se com o tempo livre fora do trabalho, pois a burguesia desejava fortemente controlar o divertimento do povo. Sua maior finalidade era moralizar os indivíduos e a sociedade, intervindo radicalmente em modos de ser e de viver.

> A ginástica então deveria ser pensada pelo aparato científico disponível e assim colocada em igualdade com outras práticas sociais, explicada e sistematizada. Devia tornar-se obrigatória para a sociedade em geral, bem como a prática regular em todos os currículos escolares. (Soares, 1998, p. 22)

A ginástica deveria ser estendida a todos, para além dos homens no seu treinamento militar. A ginástica para as mulheres, com exercícios específicos, deveria desenvolver o corpo harmoniosamente e prepará-las para a saúde reprodutiva, para serem mães.

Como modelo técnico de treinamento do corpo, esta atividade humana expressou, na primeira metade do século XIX, a visão da mecânica predominante, então, nos meios científicos. O corpo devia ser moldado, inclusive, pelo uso de tipos especiais de aparelhos que se destinavam a corrigir e melhorar posturas consideradas inadequadas do ponto de vista médico, ortopédico e estético. [...] As mães burguesas, por exemplo, desejavam "consertar" os corpos de suas filhas que não se enquadravam no padrão estético em voga. (Soares, 1998, p. 29)

FIGURA 1.1 – Aparelho Zander A3, para a extensão e a flexão dos braços, e aparelho Zander A5/6, para a abdução dos braços.
Fonte: Soares (1998).

Francisco Amoros, o pai da ginástica francesa e precursor da ciência da análise e mecanismo do movimento, define a ginástica como:

A ciência fundamentada de nossos movimentos, de suas relações com nossos sentidos, nossa inteligência, nossos sentimentos, nossos costumes e o desenvolvimento de todas as nossas faculdades. A ginástica abarca a prática de todos os exercícios que tendem a tornar o homem mais corajoso, mais intrépido, mais inteligente mais sensível, mais forte, mais astuto, mais desembaraçado, mais veloz, mais flexível e mais ágil e que nos dispõem a resistir a todas as intempéries das estações, a todas as variações climáticas; a suportar todas as privações e contrariedades da vida; a vencer todas as dificuldades; a triunfar sobre todos os perigos e todos os obstáculos; a prestar, enfim, serviços de destaque ao Estado e à humanidade. A beneficência e a utilidade pública são o objetivo principal da ginástica; a prática de todas as virtudes sociais, de todos os sacrifícios, os mais difíceis e os mais generosos são seus meios; e a saúde, o prolongamento da vida, o aprimoramento da espécie humana, o aumento da força e da riqueza individual e pública são seus resultados positivos. (Soares, 1998, p. 37-8)

Certamente, Amoros influenciou Joseph Pilates, pois alguns conceitos do método pilates são similares às suas ideias:

- ambos buscavam estabelecer a relação dos exercícios praticados com a utilização na vida cotidiana;
- desenvolviam, nos seus alunos, a ideia de que eles também são responsáveis pelos seus resultados;
- preocupavam-se com a beleza do movimento por meio de sua harmonia e de seu ritmo constante;
- falavam da *autonomia* corporal;
- criaram aparelhos específicos.

Embora existam similaridades entre os dois mestres e seus respectivos estudos, existem também divergências, sendo a principal delas a presença do *prazer*, do riso e do corpo expressivo no método de Joseph Pilates.

Mais tarde, na segunda metade do século XIX, Georges Demenÿ enraizou na Europa suas ideias e também se constatam coincidências com o método de Joseph Pilates. A principal delas é a de uma ginástica útil para o *cotidiano* e para o trabalho.

Conceber o organismo como global, a conscientização do corpo no movimento, a afirmação de que a fadiga é o emprego errado das forças e a respiração ritmada com movimentos de costelas e diafragma, bem como a preocupação com a execução do movimento com qualidade, são princípios que mostram a similaridade entre os dois estudiosos. Demeny̆ acreditava que um homem bem coordenado utilizaria sua energia da forma mais adequada e obteria como resultado movimentos harmônicos. Joseph Pilates também propunha essa ideia baseada no princípio da fluidez, segundo o qual o movimento tem harmonia, ritmo e continuidade, além de ser executado de maneira econômica, confortável, eficaz e fácil.

O pensamento da economia de energia no movimento também é algo comum nos dois teóricos, como afirma Demeny̆:

> Definitivamente a Educação Física se propõe a aumentar o rendimento de todos que trabalham e a utilizar da melhor forma possível esse dispêndio de energia, uma questão econômica da maior importância. (Demeny̆, 1931 apud Soares, 1998, p. 119)

As crianças também eram alvo dos *benefícios* que a ginástica poderia trazer. Nesse caso, segundo Carmen Lúcia Soares (1998, p. 120), "O prazer deve ser considerado como condição de realização de uma boa sessão de ginástica, pois com ele e a partir dele o exercício torna-se atraente, agradável e proveitoso".

2 Histórico da atividade física para criança no Brasil

FIGURA 2.1 – Aula de ginástica no Colégio Pedro II, em 1908.
Fonte: Dória (1997).

A história da Educação Física no Brasil mostra que os médicos e os militares foram os principais responsáveis pela introdução e pelo desenvolvimento da ginástica nas escolas (Marinho, 1943; Castellani Filho, 1988; Goellner, 1993; Soares, 1994; Pagni, 1997; Cunha Junior, 1998; Melo, 1998; Ferreira Neto, 1999) ao longo dos anos 1800. Suas contribuições atingiram os níveis da teoria e da prática da ginástica, sendo essa atividade efetivada de maneira regular em poucos colégios brasileiros.

O Colégio Pedro II (CPII) foi um dos poucos colégios brasileiros que, ao longo do século XIX, ofereceu regularmente a *ginástica* aos seus alunos. Segundo Cunha Junior (2008, p. 35): "Talvez tenha sido a primeira instituição de ensino oficial que admitiu os exercícios ginásticos em seu interior".

Ainda que a ginástica fosse uma atividade importante no âmbito do CPII, seu valor não pode ser comparado ao atribuído às cadeiras teóricas mais prestigiadas, especialmente àquelas relacionadas às *Belas Letras*, ou seja, a Educação Física tinha menos valor do que Português, Matemática e Ciências, por exemplo. Atualmente, vê-se essa história se repetindo nas escolas: alunos liberados das aulas de Educação Física e, de vez em quando, ainda surge a discussão de que tal disciplina não precisa ser obrigatória.

No entanto, se a ginástica era praticada pelos alunos do CPII desde 1841, somente em 1855 ela foi expressamente citada pela legislação pertinente ao colégio. Isso ocorreu por meio do decreto n. 1.556 de 17 de fevereiro de 1855, que implementou um novo regulamento para a instituição. Esse decreto determinava que os exercícios ginásticos deveriam ser praticados pelos alunos durante as horas de recreação, medida que fazia sobressair a ginástica como um meio de ocupar e de regular o tempo disponível dos jovens.

O ginásio do CPII estava em construção quando Pedro Guilherme Meyer, alferes do Exército Imperial Brasileiro, assumiu as lições de ginástica. Esse ginásio serviria de exemplo aos demais estabelecimentos colegiais em prol da difusão da *educação physica da mocidade brasileira*, e, assim, deu-se o forte impulso na atividade física para as crianças no Brasil.

3 O método pilates para crianças (MPpC)

> O corpo é o primeiro lugar onde a mão do adulto marca a criança, ele é o primeiro espaço onde se impõe os limites sociais e psicológicos que foram dados a sua conduta, ele é o emblema onde a cultura vem inscrever seus signos como também seus brasões. (Vigarello, 1978 apud Soares, 1998, p. 17)

Como afirma André Trindade (2007, p. 24):

> o bebê registra tudo que acontece a seu redor e em seu interior, por meio de sensações, emoções e gestos. Antes de poder pensar o mundo, ele o sente. Pouco a pouco, ele toma consciência de si e de seus movimentos.

O método pilates para crianças (MPpC) utiliza-se do método proposto por Joseph Pilates, então adaptado e repensado para o universo infantil. Nesse projeto, trabalhamos com crianças de 5 a 14 anos.

O MPpC tem o objetivo de despertar a criança para a importância do trabalho corporal e para os cuidados com o corpo: a melhor postura para estudar, para ficar no computador, para ver televisão; a boa escolha da mochila e do peso a carregar; a consciência de sua pisada (marcha); a escolha do calçado de acordo com suas necessidades; enfim, saber do seu corpo, seus limites e suas possibilidades.

As aulas do MPpC trabalham da perspectiva da promoção da saúde. Visam preparar sujeitos saudáveis para toda a vida, pensando numa vida adulta mais saudável e, principalmente, numa velhice mais feliz.

Outro ponto importante é promover nas crianças o *autoconhecimento*. Como afirma Ivaldo Bertazzo (1992 apud Béziers e Piret, 1992, p. 7): "A passagem do estado bruto de 'ser' à consciência de uma identidade se dá, primeiramente, no universo corporal. Somente depois se realiza em outros níveis".

É ainda na infância que construímos nossos problemas e hábitos posturais. Por isso, trabalhamos nas aulas, de maneira lúdica, a consciência corporal, a coordenação motora, os alongamentos, os princípios do método pilates, os conceitos da anatomia do corpo humano e os exercícios respiratórios e posturais. Segundo Pilates e Miller (1998a, p. 7, tradução nossa): "Brincar abrange toda possível forma de vida prazerosa". Já Winnicott (1975, p. 45), afirma que é brincando que as crianças ligam as ideias às funções corporais. Segundo Ungier e Ungier (2009, p. 9), explicando um preceito do método GDS,

> o terapeuta só é capaz de entrar por onde o paciente abre a porta. Uma vez que se trata de crianças, não pode restar dúvidas de que esta porta é do AP (estrutura psicocorporal associada à cadeia muscular anteroposterior). O AP é o lúdico, a música, a festa.

O MPpC não é uma ginástica tradicional do "um, dois, três, quatro", ou uma série de exercícios cada vez mais intensos. A preocupação é melhorar e fazer a criança perceber seu gesto, bem como saber usá-lo em seu cotidiano. À medida que uma pessoa passa a existir no mundo, percebendo-se cada vez mais dona de seus movimentos, ela pode ir à busca dos seus desejos. Assim, é de vital importância que, nas nossas propostas, haja dinâmicas que incentivem a sensibilização e a percepção dos alunos (Bastos e Oliveira, 2008).

O MPpC tem caráter educativo, crítico e prazeroso. As particularidades e as potencialidades são buscadas de maneira divertida. Segundo Vygotsky (1978, p. 101): "o brincar não é o aspecto predominante da infância, mas é o fator primordial do desenvolvimento". Assim, por meio de brincadeiras, jogos, música, trabalhos manuais com massa de modelar, desenhos, vídeos, leituras sobre o tema (por exemplo, anatomia), imitação de animais, contação de histórias, aprendizado sobre os ossos com um esqueleto, entre outros recursos, o pilates *mat* tradicional (no solo) e o pilates nos aparelhos são redimensionados e praticados pelas crianças.

No MPpC, as crianças experimentam todos os princípios do método pilates: rolamentos, respiração com o transverso abdominal, estabilização e mobilização dos quadris e das escápulas, alinhamento corporal, alongamento e fortalecimento muscular e conscientização corporal.

O MPpC objetiva, enfim, permitir a plena comunicação corporal e a libertação do espontâneo. Segundo Joseph: "Meu sistema desenvolve o corpo e a mente simultaneamente e em casa, normalmente, começando da infância e gradual e progressivamente através dos dias de escola e faculdade até a maturidade" (Pilates e Miller, 1998b, p. 122, tradução nossa).

4 A importância da comunidade escolar e da família sobre a boa postura das crianças

Quando comecei o projeto com crianças, nem pensava na interferência direta que a escola e a família exercem na postura da criança. Inicialmente, pensava no método pilates somente para crianças ocorrendo dentro de um *estúdio*.

Logo nas primeiras aulas e avaliações, as crianças se queixavam de dores nas costas e rapidamente justificavam os porquês:

"*É por causa do peso da minha mochila. Hoje tive que levar três livros, fora os cadernos!*"

"*Também, com aquela cadeira tão pequena pra mim... Fico todo torto, só podia dar nisso!*"

O segundo passo foi perceber na fala dos pais que eles colocavam a responsabilidade das queixas dos seus filhos totalmente na escola, ausentando-se completamente desse processo danoso. Foi aí que percebi que aulas isoladas dentro de um estúdio não seriam capazes de, sozinhas, transformar o mundo daquelas crianças. Podem, sim, interferir, buscando soluções e intervenções com base nos questionamentos e nos trabalhos que eram explorados nas aulas, até porque o trabalho corporal desencadeia uma autonomia para a vida, e as próprias crianças acabavam chegando a reflexões e a conclusões. Entretanto, algo para além do estúdio deveria ser feito. Comecei conversando com os pais sobre os *mobiliários* que utilizavam em casa: Como era a cadeira do computador? Individualizada? Tinha regulagem? Almoçavam onde? Na mesa? Na cama? Sozinhos ou em família? Como era a distribuição dos móveis da sala de TV?

E fui descobrindo os verdadeiros "desastres" que tinham como resultado as *dores*, as *queixas*, os *distúrbios* posturais e as *patologias*.

Com muito tato, fui fazendo que esses pais percebessem a importância da família, no maior grau que essa palavra pode significar para a postura das crianças, e mostrando que eles, os pais, são peças fundamentais no processo de transformação da consciência corporal dessas crianças.

Os pais são entendidos pelas crianças como modelos a ser imitados por eles. Por isso, devem tomar para si essa responsabilidade.

Aos poucos, consegui entrar em algumas escolas (para ser bem sincera, em poucas escolas) para falar da importância que essa instituição tem sobre a postura das crianças. E, mais ainda, sobre a influência exercida na postura das crianças pelas pessoas que lidam diretamente com a criança na escola.

Acreditando que a boa postura significa ter um gesto e uma mecânica justa, ministrei uma palestra com o título *Escola, amiga da postura*. Nas escolas em que consegui entrar, percebi que, ao começar a falar sobre postura, dores e cotidiano, havia muito desconhecimento por parte de todos, inclusive dos professores que diziam aos alunos: *"Senta direito!"*. Mas como é "sentar direito"? Será que o horário da escola pode variar para que os alunos não fiquem sentados por muito tempo seguido, para que não precisem levar vários livros e cadernos num mesmo dia?

Artigos científicos sobre o tema aconselham que a criança carregue em *mochilas* o equivalente a somente 5% a 10% do seu peso corporal. Vemos, em alguns casos, crianças carregando entre 20% a 30% do seu peso, ou seja, uma criança que pesa 40 quilogramas carregando 8 quilogramas.

É observado que, na maioria das crianças, as dores e os problemas posturais começam a ser registrados, geralmente, a partir dos 4 anos, idade na qual a criança inicia sua carreira escolar.

Segundo Rebolho e Cardinali (2009), estudos epidemiológicos da prevalência das dores nas costas entre escolares apresentam dados que variam de 19,7% a 38,6% em crianças e adolescentes entre 7 e 16 anos.

Nosso corpo foi feito para o movimento, e não para a imobilidade. Várias horas sentados, imóveis e, de preferência, quietos, contribui bastante para o aparecimento de patologias posturais em crianças e em jovens.

O mobiliário escolar, embora algumas escolas insistam em chamá-lo de *ergonômico*, pode ser, sim, um dos grandes vilões dessa história. Ergonômico seria pensar em produzir um móvel (cadeira e carteira) personalizado a cada estudante, de acordo com sua altura e suas medidas pessoais, o que não acontece. Dificilmente encontramos cadeiras nas quais haja regulagem de altura, de seu encosto e de seus braços.

Salas que tenham pouca iluminação e uma acústica ruim podem fazer as crianças se entortarem, ou seja, buscarem adaptações (mesmo que danosas) para ver e ouvir melhor o professor.

Há, também, outros exemplos que podem prejudicar a boa postura na sala de aula: a criança que enxerga melhor com um dos olhos ou escuta melhor com um dos ouvidos, timidez, problemas ortodônticos e sapatos inadequados também podem prejudicar o bom desenvolvimento da postura. Problemas posturais, por sua vez, poderão prejudicar o *aprendizado escolar*. Segundo Béziers e Hunsinger (1994, p. 29): "a cabeça do úmero fica muito saliente, para fora e para frente (rotação externa), e o braço, colado ao corpo. A má posição pode acarretar dificuldades na escrita".

Como se vê na Figura 4.1, a pressão intervertebral aumenta na posição sentada e muito mais na posição sentada errada. Por isso, é preciso dar importância a esses momentos em que a criança permanece sentada.

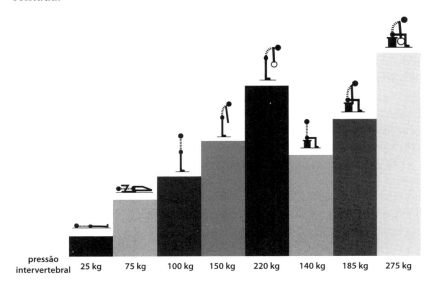

FIGURA 4.1 – Pressões sofridas pelas vértebras nas diferentes posições do corpo: deitado em decúbito dorsal, as vértebras sofrem menos pressão; sentado com sobrepeso nas mãos, as vértebras sofrem mais pressão.

> Um aluno passa na escola, obrigatoriamente, 200 dias letivos, de no mínimo quatro horas diárias, durante aproximadamente 11 anos de educação, sendo a maior parte deste tempo sentado. (Moraes, 2002, p. 53)

De acordo com as Normas Brasileiras (ABNT, 1997), as carteiras escolares devem ser divididas em sete classes de medidas para mesas e assentos. Isso deve ser respeitado nas escolas, onde deverão ser observadas as variáveis antropométricas de cada aluno, mas, na prática, essa norma nunca foi obedecida.

É preciso considerar que a criança cresce rápido e que essas aferições devem ser regulares, para acompanhar a velocidade desse crescimento, e não basta que as cadeiras e mesas educacionais sejam ergonomicamente adequadas para obter-se uma boa postura do aluno. É necessário, também, que o aluno adquira consciência corporal para organizar suas ações e seus gestos.

A matéria *Postura correta melhora atenção no colégio*, do jornal *O Globo* (Marinho, 2008), mostra que a boa postura interfere no rendimento escolar e que, na Alemanha, uma escola resolveu adotar um mobiliário escolar em que os alunos ficam de pé em alguns momentos do período letivo e também podem variar as alturas do mobiliário de acordo com a estatura de cada um. Mudar de posição, ajustar a altura da mobília e movimentar-se é muito interessante, mas não se pode acreditar que esse mobiliário, por si só, levará as crianças a uma boa postura. Inclusive, nas fotos mostradas no jornal, as crianças aparecem posicionadas de diversas formas e, infelizmente, não apresentam um bom posicionamento e/ou uma postura mais saudável.

Outro aspecto que a escola deveria focalizar é a falta de conhecimento por parte da comunidade escolar sobre o assunto. Os próprios *professores* desconhecem a melhor maneira para sentar, ler e escrever ou ficar ao computador, portanto, não conseguem dar o exemplo ou corrigir os alunos.

> [...] os professores de nossas crianças, de modo geral, não gozam de uma saúde ideal e são completamente incapazes de detectar – e, consequentemente, de corrigir – os hábitos anormais e prejudiciais adquiridos por seus alunos. (Pilates e Miller, 1998b, p. 103, tradução nossa.)

E, por falar em professor, também é preciso pensar nos professores de Educação Física, que lidam com essa matéria nas escolas. Grande parte deles está preocupada com os fundamentos técnicos esportivos, com o rendimento e com a *performance*. Contudo, não seria tarefa desse profissional orientar crianças e jovens para a educação dos gestos, para bem utilizar seus movimentos na vida diária? E a tão falada *interdisciplinaridade* nas escolas? O corpo não é um bom tema/objeto de ensino de disciplinas como a Educação Física, a Biologia e as Artes?

Voltando a falar da família, atualmente, as crianças passam várias horas no computador, assistindo à televisão, divertindo-se com *games*. É importante que os pais ou os responsáveis se preocupem em corrigir a postura das crianças nesses casos, mas, infelizmente, nem todos têm conhecimento sobre uma boa postura, e não servem de modelo para essas crianças.

Perguntei às crianças que fazem parte de meu grupo de método pilates para crianças (MPpC) sobre a postura dos seus pais: ótima, boa, regular ou ruim. O resultado foi ruim para 90% das crianças.

Portanto, tanto a escola quanto os responsáveis em casa (pais, avós, tios, babás) deverão, também, corrigir-se e educar-se, para que as crianças possam imitá-los e aprender a ter boa postura. Para isso, eles deveriam buscar um trabalho corporal, como, por exemplo, o método pilates. Como sustenta Farinatti (1995, p. 46), "entre crianças de até 10 anos, a influência do lar e da comunidade sobre os hábitos físicos é decisiva, tendendo a estender-se por toda a vida".

5 Avaliação postural

Acredito que a *avaliação* diária, na qual o profissional checa, mensura e observa, em cada encontro e durante os movimentos propostos, permite perceber desequilíbrios e desajustes corporais até então despercebidos.

Vale a pena relembrar, também, que algumas diferenças na anatomia das crianças e as proporções corporais poderão apresentar-se de formas diferentes do padrão do adulto. Segundo Tubino e Alves (2007, p. 29-30):

> O período intermediário, de crescimento lento, apresenta certas peculiaridades: o aumento do peso tende a ser pequeno e a velocidade do crescimento em altura continua a decrescer. Há aumento relativo de certas partes do esqueleto e ganho em massa muscular e em tecido subcutâneo; embora discretas, tais modificações refletem-se na intensificação do tônus muscular e do suporte ligamentar e, consequentemente, tem influência na postura e nos demais aspectos de mecânica corporal.

Em virtude do grande aumento da *obesidade infantil*, mesmo que o método pilates não seja considerado uma atividade aeróbia (atividade que se utiliza de gordura para a produção de energia), nós, profissionais podemos ficar atentos e verificar, em nossas avaliações, o índice de massa corporal (IMC), seja com a equação (IMC = peso (kg)/altura (m)^2) ou com o adipômetro. Tubino e Alves (2007) afirmam que a criança com IMC acima de 95% indica sobrepeso; entre 85% e 95%, risco de sobrepeso; e abaixo de 5%, subpeso.

Também é interessante saber que: aos 8 anos, todas as crianças já têm a sua coluna com a conformação semelhante à do adulto; entre o 5 e 9 anos, o atlas se ossifica; aos 10 anos, todos os arcos neurais das vértebras devem estar fechados; os pés valgos, até os 8 anos, podem ser considerados normais; dos 2 aos 8 anos, as pernas se aproximam e os joelhos normalmente ficam mais valgos; a lordose lombar se estabelece entre os 8 e os 12 anos, por isso, um abdome proeminente é um fator normal nessa idade; o diafragma é menor e mais horizontal do que o do adulto e os músculos acessórios da respiração ainda são imaturos; os batimentos por minuto (bpm) das crianças de 2 a 10 anos situam-se entre 90-110, e dos indivíduos de 10 a 14 anos, entre 80 e 90; a pressão arterial de 8 a 10 anos é 95 × 70 mmHg, e de 11 aos 16 anos é 110 × 70 mmHg (Tubino e Alves, 2007).

Por isso, cada avaliador deverá buscar conhecimentos sobre o crescimento, o desenvolvimento e a anatomia da criança, do pré-adolescente e do adolescente, para que o diagnóstico seja mais preciso e a prática em aula seja mais adequada a cada caso.

Nesta avaliação, inclui-se, desde o início, a opinião e a reflexão da criança. Explica-se o que é o método pilates, busca-se informações sobre o histórico e o *dia a dia* da criança e segue-se fazendo uma avaliação global, como se exibe a seguir.

Data: ____/____/____
Nome:
Idade:
E-mail da criança:
E-mail do responsável:

1. A criança sabe o que é o método pilates? Por que resolveu praticá-lo? (Mostrar a foto de Joseph Pilates e fazer fidelidade ética – os cuidados na sala, a autonomia durante o processo e os pais precisam estar cientes da importância que eles têm sobre a postura do filho.)
2. Em qual escola estuda? Em que série? Qual é o peso da mochila? Como é o mobiliário escolar? (Mostrar foto de como se senta. Neste momento, pode-se utilizar fotos de uma menina sentada numa carteira em várias posições e pedir para a criança que identifique em qual ou quais posições costuma sentar-se.)
3. É destro ou canhoto?
4. Como foi a gestação e o parto?
5. Sentou, engatinhou e andou com que idade?
6. Quando foram os últimos exames oftalmológico e audiométrico e a última visita ao dentista?
7. Tem computador ou *video game* em casa? Qual o tempo gasto com esses aparelhos diariamente? Como é o seu mobiliário caseiro?

Continua

Continuação

Avaliação postural global

1. Pedir para que a criança faça um autodesenho. Segundo Souza (2010), o desenho simboliza a maneira como a criança se vê. A proposta de se desenhar possibilita ao paciente entrar em contato com o seu próprio corpo, ter a consciência dele.
2. Com quais destas posturas me pareço (Figura 5.2)? A criança, neste momento, tenta identificar-se com estas tipologias, as quais são inspiradas nas ilustrações de Godelieve Denys-Struyf (1995) encontradas no livro de sua autoria: *Cadeias musculares e articulares: o método GDS*.

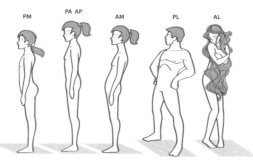

FIGURA 5.1 – Tipologias GDS.
PM: cadeia posteromediana; PA AP: cadeias posteroanterior e anteroposterior; AM: cadeia anteromedial; PL: cadeia posterolateral; AL: cadeia anterolateral.
Fonte: adaptada de Denys-Struyf (1995).

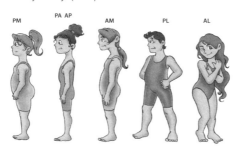

FIGURA 5.2 – Ilustração feita por Luciano Giovani, no intuito de aproximar das crianças o desenho das tipologias GDS.
Fonte: adaptada de Denys-Struyf (1995).

Continua

Continuação

Pode-se tirar uma foto de perfil para obter uma imagem da postura da criança e iniciar uma investigação sobre sua pulsão psicocomportamental. Obviamente, não se conclui uma avaliação baseada no método GDS somente com essa prática.

Avaliação da cadeia respiratória

Teste de esforço percebido (TEP) – Escala de Borg Adaptada

1. Como se sente sentado assistindo à TV?
2. Como se sente caminhando para a escola devagar?
3. Como se sente brincando (suando pouco)?
4. Como se sente jogando, praticando esporte (suando muito)?
5. Como se sente correndo muito?

(1 – Repouso)   (2 – Leve)   (3 – Moderado)   (4 – Forte)   (5 – Exaustivo)

FIGURA 5.3 – Escala de Borg adaptada.

6 Estruturação do método pilates para crianças

FIGURA 6.1 – Princípios do método pilates.

6.1 Trabalhos respiratórios

A *respiração* vem sendo o grande foco dos métodos. Segundo Pilates e Miller (1998b, p. 137, tradução nossa), "particularmente no que diz respeito à respiração, essa instrução no início [na infância] é de vital importância". Godelieve Denys-Struyf, criadora do método GDS, na sua literatura, pondera que a respiração não se ensina, libera-se.

No mundo atual, até mesmo as crianças apresentam bloqueios respiratórios por diversas causas (ansiedade; problemas congênitos, emocionais). Assim, num primeiro momento, não adianta sugerir maneiras de respirar, é preciso olhar e, de fato, ver o que naquele momento é mais importante e buscar liberar.

Rolamentos com apitos, língua de sogra, apito com bolinha suspensa no ar, bolas de gás e respiração fluida (Joseph Pilates) e segmentada (Ron Fletcher) podem auxiliar o desbloqueio respiratório.

Figura 6.2 – Representação da respiração feita com bexiga (a escura, o pulmão; a clara, o diafragma) e garrafa PET, para a criança entender a dinâmica da respiração. Na inspiração, o ar entra nos pulmões e o diafragma desce; na expiração, quando o ar sai, o diafragma sobe.

O transverso abdominal é o músculo que deve ser acionado durante a respiração. Essa ação é o primeiro princípio do método pilates, assim, como todos os outros princípios, deverá ser usado com certo cuidado e individualidade. Embora nosso mestre, Joseph Pilates, tenha desenvolvido esses princípios para serem usados por todos os praticantes, pode-se dizer que, se ele fosse vivo, teria mudado seu pensamento e, certamente, acreditaria que esses princípios não servem para todo mundo, nem do mesmo jeito. Cada aluno deve ser avaliado, para que as melhores escolhas e sugestões de prática sejam feitas por nós, profissionais. Cada um de nós respira de maneira diferente e singular, e, muito possivelmente, apresenta bloqueios respiratórios, os quais também serão estimulados e liberados de formas diferentes, por isso a importância de escolher a manobra ou o exercício respiratório correto. Manobras respiratórias baseadas no método GDS podem ser uma dessas escolhas. Como diz nosso grande professor-pesquisador Philippe Campignion (2003, p. 11), "A respiração sem entraves é indispensável ao bem-estar geral".

6.2 Mobilização e estabilização de quadris e escapular

A boa organização dos membros inferiores depende da articulação dos quadris (Béziers e Hunsinger, 1994), ou seja, quadris bem mobilizados e estabilizados proporcionarão uma boa estática.

Ter consciência óssea, tanto do quadril quanto da cintura escapular, permitirá que os músculos relaxem e produzam juntos uma melhora da postura. Se os músculos tiverem um gesto mais justo, poderão imprimir no osso uma forma mais justa, gerando uma mecânica mais justa.

6.2.1 Quadris
- Borboleta e cai lados.

 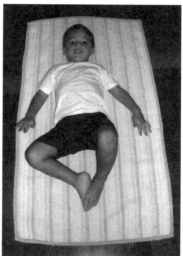

FIGURA 6.3 – Borboleta.   FIGURA 6.4 – Cai lados.

- Em pé, apoiado na parede, descer e subir, fazendo oito (8) ou símbolo do infinito (∞). Com cinto (confeccionado especialmente para o método pilates para crianças – MPpC –, mas seu uso não é obrigatório), a criança visualiza melhor o movimento dos quadris.

Figura 6.5 – Subir e descer apoiado na parede.

- No disco de rotação: em decúbito dorsal, uma perna flexionada, com o pé apoiado no chão, e a outra perna estendida sobre o rolo, a qual será mobilizada, ou seja, ela vai crescer em direção caudal e cranial. Os braços podem permanecer ao longo do corpo ou um ao longo do corpo e o outro no rolo (o do mesmo lado da perna que está no rolo), para que a haja uma mobilização simultânea, tanto da perna quanto da cintura escapular (nesse caso, o braço sobe em direção cranial e desce em direção caudal, no mesmo momento em que a perna também faz o movimento).

6.2.2 Escápulas

- Com a *overball*, em decúbito dorsal unilateral ou bilateral, com ou sem trabalho respiratório intercostal.
- Em várias direções: decúbito dorsal (para cima, para o lado, para baixo e para o teto), decúbito ventral (para cima e para o lado), decúbito lateral (para a frente e girando no disco de rotação).

6.3 Rolamentos

Enrolamento, endireitamento, torção e tensão são os princípios da coordenação motora, segundo Béziers e Hunsinger (1994). Esses princípios também são encontrados no método pilates.

Antes de qualquer exercício, sugere-se fazer os rolamentos, com o objetivo de preparar o indivíduo que vai receber novos estímulos durante cada aula ou sessão. Reorganizar suas estruturas psicomotora e relacional também é fundamental, pois esses movimentos orientam para a frente, "avançam em direção ao mundo".

- Ponte (rolamento no chão) – variações: em metatarso, em calcâneo; sobe e desce com um só pé apoiado (perna cruzada); sobe e faz cai lados, depois desce; com pés no *overball*, no rolo, no esfregão ou no segmentado. Utilizar apito, língua de sogra, bexiga ou sons.

FIGURA 6.6 – Rolamento no chão enchendo uma bexiga.

- Remador (rolamento nas molas de parede); depois, com as alças de mão. Pode-se diminuir a descida inicialmente com almofadas ou meia-lua, bem como utilizar apitos.

Figura 6.7 – Remador: rolamento nas molas de parede.

- Pés colados à parede (rolamento com os pés na parede): pode-se usar bola na parede, disco azul, posição dos pés em rotação externa, cai lados e esfregão. Pode-se utilizar apito ou língua de sogra.

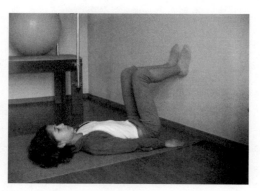

Figura 6.8 – Rolamento com os pés na parede.

- *Reformer*
    - *footwork*: com rolamentos (rola, desenrola, vai e volta; rola, vai e volta, desenrola; vai normal, rola, volta e desenrola);
    - *jumping* na tábua de saltos;

- *seated arms back* com caixa do *reformer* (utilizar vários tamanhos) e com bolas suíças (números 45 e 65);
- *supine arm series* – variação: conjugar os três movimentos dessa série;
- *leg pull front* no *reformer*;
- *feet in straps* no *reformer*.

FIGURA 6.9 – *Leg pull front* no *reformer*.

FIGURA 6.10 – *Feet in straps* no *reformer*.

- Alongamento de grandes cadeias:
    - *scooter*: psoas (se precisar, colocar caixa pequena ou apoio no joelho ou no pé), cadeia posterior com panturrilha

sentado no carrinho com ou sem rotação externa. Pode-se utilizar o elástico para facilitar;
- *mermaid*: sem ou com rotação;
- *hamstrings, mermaid*: com alongamento de adutor.

- *Feet in straps*: nas molas de parede, com e sem movimento de braços (com um halter ou *tunning ball* de 0,5 kg); *bike* alternada com movimento contínuo, mais movimento contínuo de braços; figuras geométricas unilaterais, 8 e infinito.

FIGURA 6.11 – *Feet in straps* nas molas de parede.

- *Seated arm work facing in*: sentado na caixa do *reformer* ou na bola com bíceps, tríceps e puxada.

Continua

FIGURA 6.12 – *Seated arm work facing in.*

- Na cadeira, *double leg pump, standing leg pump*: variações com flexão plantar; exercícios coordenados com braços (bola de 1 kg), conjugando com *twist*.

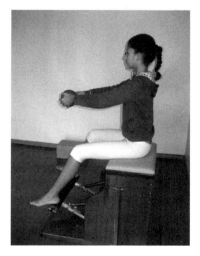

FIGURA 6.13 – *Double leg pump, standing leg pump.*

- *Prone scapular series*: pés na parede (variar usando, entre os pés e a parede, o disco azul, o rolinho simultâneo ou o rolinho individual).
  - *kneeling cat, hamstrings*: com plataforma.

- No *wall unit* (ou trapézio):
    - *footwork* com a barra torre – básico, com flexão plantar: simultâneo e unilateral com ou sem rolo;
    - *parakeet* ("pé de águia"): com extensão de perna;
    - *seated pull down* com a barra torre (6): com ou sem caixinha;
    - *seated push through* ("girassol"): mergulhos com alongamento alternado, com queda, e alongamento de trapézio.

Figura 6.14 – *Seated pull down* com a barra torre.

- Trapézio (ou *cadillac*):
    - *standing leg pump* com a barra torre: frente e lateral;
    - *footwork in straps* (em pé – pisa, estende e aduz): mobilização do quadril na barra torre;
    - *supine arm series* com ou sem rolo: alongamentos lateral e frontal com panturrilha na barra torre.
    - cambalhota (*somersault*).

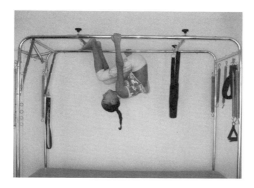

FIGURA 6.15 – Cambalhota (*somersault*).

- *Barrel*:
  - *leg stretch* (quadríceps sentado): no disco azul, posterior;
  - *horseback*: básico e com *twist*;
  - membros superiores no *barrel* básico e com alça (ajoelhado): bíceps e cotovelada;
  - *leg stretch*: quadríceps, lateral e posterior (com ou sem caixa).

FIGURA 6.16 – *Horseback*.

Figura 6.17 – Membros superiores no *barrel* básico.

- Abdominais:
  - *roll down* e *kneeling cat* no *reformer*: talvez seja necessário colocar uma caixa no chão, para dar altura;
  - *roll down* com extensão de pescoço no *wall*: colocar um bom apoio;
  - *roll down* com *bike* simples e *teaser* no *wall*: pode auxiliar com o pé na bola;
  - *supine stretch* e *side sit up* no *barrel* (colocar caixa se for necessário): abdominais na barra do trapézio (flexão e extensão);
  - *hung*: flexão e extensão.

Figura 6.18 – *Roll down* com bike simples e *teaser* no *wall*.

6.4 Pilates *mat* tradicional

FIGURA 6.19 – *Single leg stretch*.

FIGURA 6.20 – *Leg pull*.

FIGURA 6.21 – *Twist*.

6.4.1 Sugestões de trabalho com o *mat* tradicional

- Pique *mat*: coloca-se uma música para tocar (pode ser escolhida pelo professor ou pelos alunos) e as crianças andam pela sala. O professor pausa a música, e, quando a música para, cada criança faz um exercício do *mat* tradicional de sua escolha.
- Coreografia: escolhe-se uma música em grupo e desenvolve-se uma coreografia com os exercícios do *mat* tradicional.
- Adaptação: criam-se auxílios (utilizando acessórios: faixa elástica, *overball*, caixinhas etc.) para que as crianças consigam entender e executar o movimento, mas essas "bengalas" não devem ser usadas para sempre. Busca-se, portanto, desenvolver a capacidade de cada criança, desafiando-as em cada aula.

Figura 6.22 – *The hundred* com bolas números 45 e 65.

Figura 6.23 – *Double leg stretch* com *overball* e bola número 45.

FIGURA 6.24 – *Leg pull* com halteres e flexão de perna.

FIGURA 6.25 – Girassol encostado na bola número 75.

FIGURA 6.26 – Tesoura com apoio da bola número número 45.

6.5 Sugestões para aulas práticas

- Caderno individual: para anotar o conteúdo de todas as aulas.
- Início das aulas: é um momento em que o tema da aula do dia é desenvolvido por meio das atividades. Trabalhos respiratórios, de coordenação motora, de percepção corporal, de conhecimento teórico, enfim, várias são as possibilidades e os objetivos que podem ser explorados em uma mesma aula.
- Estátua: as crianças caminham pela sala ao som de uma música. Quando a música parar, elas param como estátuas e escolhem uma das respirações (apical, intercostal e diafragmática).
- Caminhada: as crianças caminham apoiando com metatarso, depois, com calcâneo, de olhos abertos e fechados, de frente e de costas, variando as sugestões para perceber as mudanças corporais em cada caso.
- Desenho: as crianças desenham-se, tentando expressar no papel como os seus corpos estão naquele momento e também devem escrever uma palavra que resuma essa sensação.
- Esqueleto: verificar no esqueleto a parte óssea que será trabalhada na aula.
- Massinha: modelar na massinha alguma parte do corpo que será trabalhada na aula, com ou sem venda.
- Massagem.
- Percussão.
- Escovação.
- Andar sobre os disquinhos de borracha: apoiando o metatarso e o calcâneo. Verificar o solado do calçado.
- Pique-equilíbrio: para não ser pega, a criança deverá ficar em cima dos discos de equilíbrio ou dos rolos.
- Aquecimento na bola: saltitos.
- Aquecimento lúdico: subir, descer, pular, equilibrar-se, virar cambalhota, andar sobre os rolos, passar por baixo dos aparelhos.
- Tinta guache: pintar os pés e pisar numa folha (de jornal, A4, papel pardo ou outra) para ver como está a forma da pisada.
- Com bola de gás: aquecimento, tocando na bola com diferentes partes do corpo.

- Jogo dos erros: analisar as posturas na sua própria foto (essas fotos, algumas vezes, as crianças levam de casa; outras vezes, são tiradas durante o movimento na aula). Pode-se utilizar, também, uma foto de revista.

6.5.1 Aula I

- Fazer a anamnese.
- Fotografar sua postura estática de frente, de costas e de perfil.
- Contrato: como serão combinadas as sessões (dias e horários), termo de compromisso e utilização do caderno.
- Breve histórico, informações e apresentação do método pilates: nesse momento, a criança ganha uma foto de Joseph e de Clara Pilates para colar em seu caderno, no qual serão registrados dados importantes da aula.
- Início da aula: as crianças ficam sentadas em roda, em pé, em grupo ou em dupla.
- Princípios do método pilates:
  - respiração: observar como cada um respira e observa o outro; experimentar várias maneiras de respirar e a proposta pelo método pilates (inspirar pelo nariz e expirar pela boca, com e sem o acionamento do transverso abdominal, utilizando toda a caixa torácica). Como acessório, podem ser utilizados a representação da respiração feita com bola de encher e garrafa PET, os apitos, a língua de sogra etc.;
  - mobilização vertebral: rolamento no chão, na parede e nas molas de parede;
  - dissociação: borboleta e cai lados.

Figura 6.27 – Rolamento no chão, na parede e nas molas de parede.

- Exercícios que sejam importantes e adequados para cada criança, pensando na avaliação e no objetivo que o professor e o aluno desejam alcançar.

Figura 6.28 – *Single leg stretch*.

- Marcha (neste momento, o professor pode falar a respeito do alongamento axial): andando pela sala, sentindo os quatro pontos do pé; parar quando a música for interrompida; andar com obstáculos e, quando a música parar, subir e equilibrar-se no rolo.
- Término da aula: sentadas em roda (alongamento de posterior; *saw*; EMA – "eu me aliso" – mobilização escapular). Recapitular a aula e verificar o que absorveram da teoria.
- Massagem.

6.5.2 Aula II

Falar de outros princípios, os quais não foram mencionados na aula anterior e mostrar no esqueleto o que acontece no corpo.

- *Feedback* da última aula.
- Passar a bolinha de massagem ou de tênis nos pés e alongamento inicial: aquecimento marcha e com bola.
- Relembrar os princípios da primeira aula, agora com ênfase nos exercícios sobre a pelve neutra.
- Rolamentos no chão, na parede e nas molas: quatro repetições de cada.
- Exercícios específicos para cada criança, como alongamento ou educativos posturais.
- Conversar mais um pouco sobre o histórico de Joseph Pilates.

6.5.3 Dicas táteis, verbais, imaginárias e demonstração do movimento

"Crianças nesta faixa etária necessitam tanto de estímulos auditivos quanto visuais para compreenderem o que lhes é apresentado" (Farinatti, 1995, p. 37). Por isso, no método pilates, dá-se grande importância às dicas: táteis, verbais e imaginárias associadas à demonstração de cada exercício proposto.

6.5.4 Acessórios especiais

Nos aparelhos, poderão ser feitas algumas adaptações para atender às necessidades das crianças e à melhor postura na execução do movimento. Por exemplo, no *reformer*, utilizar almofada (encosto) para diminuir a distância entre a ombreira e a barra preta, e, assim, possibilitar o encaixe perfeito da criança no aparelho. Da mesma maneira, usam-se caixas, em alguns exercícios, para melhor o posicionamento do aluno no aparelho.

A seguir, vemos exemplos de aparelhos especiais utilizados no MPpC:

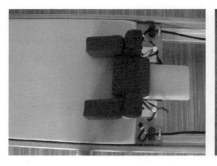 

FIGURA 6.29 – Encosto de ombro no *reformer*.

FIGURA 6.30 – Molas mais leves nos aparelhos; molas mais curtas na barra de parede para fazer exercícios de pernas e de braços.

FIGURA 6.31 – Cinto educativo para trabalhos de mobilização ou estabilização dos quadris.

FIGURA 6.32 – Rolinhos menores.

6.5.5 Desenvolvendo a conscientização corporal

O desenvolvimento da conscientização corporal se faz necessário para que a criança possa conhecer, sentir e entender seu próprio corpo em movimento. Esse conhecimento proporciona um cuidado dela consigo mesma no seu cotidiano e durante as aulas.

> A sensação da forma da pele se vincula à imagem de nosso próprio volume e de seu movimento. A manipulação da pele permite recuperar as imagens correspondentes. Sensibilidade profunda e pele nos permitem perceber a forma de nosso corpo. (Béziers e Piret, 1992, p. 30)

Atividades para desenvolver com as crianças:

- Imitar os bichos: percepção do movimento.
- Fotografias: as crianças podem levar fotografias para observar a postura.
- Dinâmica do lápis: a primeira parte é um trabalho de consciência corporal, na qual a criança imagina um lápis fazendo o contorno do seu corpo, sendo direcionada pelo professor. No final, perguntamos como elas se sentiram, se o contorno foi igual dos dois lados do corpo, se foi mais afastado ou mais próximo do corpo, se conseguiu ser contínuo ou em algumas partes esse traço foi cortado. Logo em seguida, elas desenham (de verdade, com lápis) o seu corpo, de preferência, num papel pardo do mesmo tamanho delas para que possam expressar sua percepção do corpo.

- Perceber o tamanho dos segmentos corporais e as distâncias entre eles. Por exemplo: Na posição sentado, qual a distância entre os ísquios? Qual o tamanho do seu braço? Podem-se fazer diversas perguntas.
- Palavras cruzadas com conceitos do método pilates.

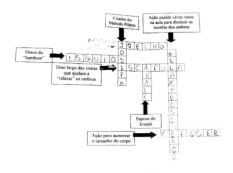

Figura 6.33 – Palavras cruzadas.

- Esqueleto simbólico: esta atividade deve ser feita depois que a criança já manuseou os ossos de um esqueleto, já percebeu qual o tamanho, a forma, o som e para que serve cada osso. Segundo Denys-Struyf (1995, p. 131):

> Viver em nós a construção óssea é como dar autorização ao músculo para relaxar. Quando o osso toma seu lugar no corpo ele organiza espaços onde tudo respira. Quanto à massa muscular, ela percebe que, por ser menos compacta, pode exercer um papel muito mais interessante. O jogo da regularização dos elásticos musculares é um jogo muito complexo, que a conscientização do osso simplifica.

- Dinâmica utilizada para aprender a localização e o nome dos ossos: as crianças escolhem uma figura e representam com a figura escolhida cada osso na sua posição (Figura 6.34).

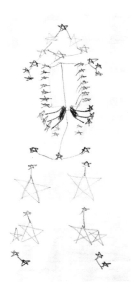

FIGURA 6.34 – Exemplo de desenho feito pelas crianças para a localização e a identificação dos ossos.

- Marcha na fita crepe: antes, desenhar o pé e seus quatro pontos de apoio para visualizar a pisada; depois, fazer, no chão, com fita crepe, caminhos por onde deverão andar.

6.5.6 Exercícios educativos posturais

Os exercícios educativos posturais são todos os movimentos que permitem às crianças sentir e conhecer os seus corpos e os seus movimentos.

- Rolar (estrela): estrela e posição fetal, em que a criança rola (Figura 6.35) e, ao chegar em decúbito lateral, agrupa.
- TAC ("tirar a camiseta"): no chão, no *small*, com bola e com rolinho. Em decúbito dorsal, pernas flexionadas e braços cruzados sobre o corpo (mão direita na espinha ilíaca anterossuperior – EIAS – esquerda e mão esquerda na EIAS direita). Inspira-se parado e, durante a expiração, os braços vão subindo, em

movimento igual ao de tirar uma camiseta. É possível fazer o exercício estabilizando o gradil costal ou deixando-o expandir-se durante o movimento. Volta-se à posição inicial.
- EMA ("eu me aliso"): no chão e com bola. Em decúbito dorsal, pernas flexionadas, cruzam-se as pernas (como o cruzar de pernas de mulher), deixando os joelhos caírem para o lado direito. Braços abertos ("Cristo Redentor"). O braço direito começa a dobrar, e a mão vai alisando o peito até chegar à mão esquerda. A mão direita faz um semicírculo por cima da cabeça até chegar à posição inicial. Repete-se do lado oposto.
- Dinâmica de sentar na cadeira para almoçar, na carteira da escola, diante do computador e para ver televisão.

Figura 6.35 – Rolar (estrela): estrela e agrupa lateral.

6.5.7 Sugestões de relaxamento e de finalização da aula

- Terminar refazendo alguma dinâmica do início da aula. Por exemplo: redesenhar o corpo no final da aula e ver se houve alguma diferença em relação ao desenho do início da aula.
- Massagens (variadas) feitas em dupla, em grupo ou pelo professor, em "trenzinho" (Figura 6.36).
- Massagem percussiva e manobra dos pés, inspiradas no método GDS.
- Escovação proposta por Godelieve, com direções e objetivos diferentes. Joseph utilizava a escovação sem uma técnica precisa e dizia: "escove-se feliz e energeticamente" (Pilates e Miller, 1998a, p. 21, tradução nossa).

- Relaxamento global.
- Rolar (estrela): estrela e agrupa lateral.

Figura 6.36 – Massagens em "trenzinho".

6.5.8 Música na aula

- Utilizar música durante as aulas (mais agitada ou relaxante, do samba à música clássica, dependendo do objetivo) e, em alguns momentos, trabalhar sem música, para que a percepção corporal seja mais evidente.
- Sugestões de álbuns e artistas: *Partimpim* 1 e 2 – Adriana Calcanhoto; *Música de brinquedo* – Pato Fu; *Os Saltimbancos*, *Samba pras crianças* – coletivo; Yamandu Costa; *Bach in Brasil*; Trupicada; entre outros.

7 Trabalhos feitos

7.1 Registros feitos pelos alunos em aula

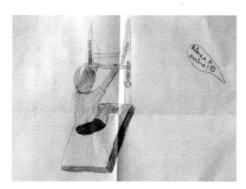

FIGURA 7.1 – Desenho do próprio aluno num momento da aula.

FIGURA 7.2 – Após o desenvolvimento sobre o tema *cintura escapular* e após a visualização do esqueleto em alguns livros, os alunos representaram em desenho o que perceberam.

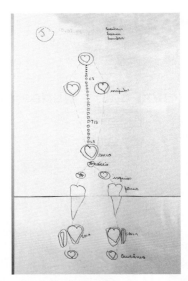

FIGURA 7.3 – Representação de um esqueleto. Aqui, o aluno tentou posicionar os ossos (representados pela figura *coração*), entendendo que existe uma cadeia osteoarticular.

(a) (b)

FIGURA 7.4 – Esta atividade é chamada de *reconstituição da cena*. Em (a), no momento 1, o aluno desenha como ele se senta para almoçar (reparem que a televisão fica ao lado do sofá); no momento 2, ele quis dar um *close* na sua postura; no momento 3, ele sugere mudanças na postura, inclui uma bandeja e muda a televisão para a frente do sofá. Em (b), a aluna, no primeiro quadrado, mostra-se almoçando sentada na cama (o que considera errado); depois, no quadrado ao lado, almoçando à mesa com apoio dos pés e encostada (considera este certo); no terceiro, ela está sentada à mesa estudando (considera a postura errada); no quarto quadrado, ela sentada com apoios e "dividindo o peso do corpo", como ela escreve ao lado.

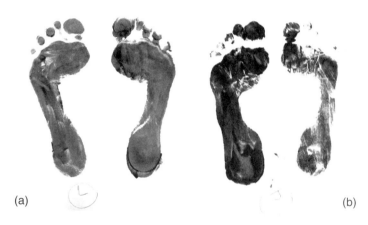

(a) (b)

FIGURA 7.5 – Nesta atividade, tenta-se perceber se todo o pé "pisa" no chão ou se todos os dedos estão apoiados.

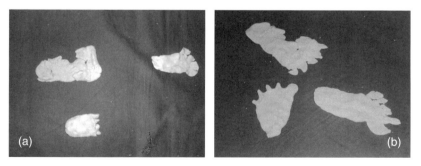

FIGURA 7.6 – Em (a), os pés foram modelados com massinha pelos alunos no início da aula. Em (b), os pés foram feitos após a aula, na qual trabalhamos a pisada de várias formas, por exemplo, com metatarso e com calcâneo. Os exercícios desse dia focaram os pés de diversas formas.

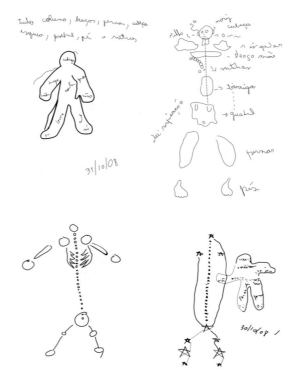

FIGURA 7.7 – Atividades de conscientização das cadeias osteoarticulares.

7.2 Fotos dos alunos em aula

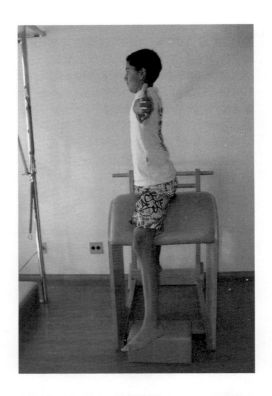

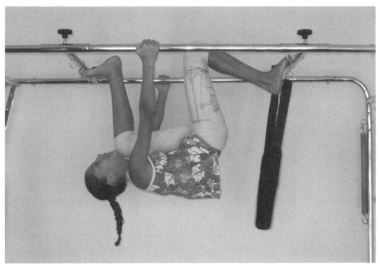

Considerações finais

Trabalhar com crianças foi, e tem sido, muito proveitoso e desafiador. Não saberia dizer se ensino, se colaboro ou se aprendo mais com elas. A curiosidade, a entrega nas aulas e a mais pura verdade em suas ações me fizeram repensar minha prática nas aulas com os adultos. Poderia, inclusive, afirmar que as aulas dos adultos ficaram muito mais interessantes e alegres depois que iniciei esse estudo com as crianças.

Desejo que este tema venha a ser discutido e posto em reflexão sendo, então, entendido que há, verdadeiramente, questões que diferenciam um trabalho para adultos e para crianças no método pilates.

Faço o convite a outros estudos e para que a comunidade dos profissionais e estudantes do método pilates se estimulem a registrar e a dividir suas pesquisas e suas experiências.

Referências

Associação Brasileira de Normas Técnicas (ABNT). *NBR 14006*: móveis escolares; assentos e mesas para instituições educacionais; classes e dimensões. Rio de Janeiro: ABNT, 1997.

Bastos, W.; Oliveira, P. GDS à brasileira: da lemniscata à capoeira. *Olhar GDS*, n. 2, p. 9-14, 2008.

Béziers, M-M.; Hunsinger, Y. *O bebê e a coordenação motora*: os gestos apropriados para lidar com a criança. São Paulo: Summus, 1994.

Béziers, M-M.; Piret, S. *A coordenação motora*: aspecto mecânico da organização psicomotora do homem. São Paulo: Summus, 1992.

Campignion, P. *Aspectos biomecânicos, cadeias musculares e articulares método GDS*: noções básicas. São Paulo: Summus, 2003.

Castellani Filho, L. *Educação Física no Brasil*: a história que não se conta. Campinas: Papirus, 1988.

Cunha Júnior, C. F. F. A produção teórica brasileira sobre educação physica/gymnastica publicada no século XIX: autores, mercado e questões de gênero. In: Ferreira Neto, A. (Org.). *Pesquisa histórica na Educação Física*. Aracruz: Facha, 1998. v. 3, p. 19-47.

_____. *Imperial Collegio de Pedro II e o ensino secundário da boa sociedade brasileira*. Rio de Janeiro: Apicuri, 2008.

Denys-Struyf, G. *Cadeias musculares e articulares*: o método GDS. São Paulo: Summus, 1995.

Dória, E. *Memória-histórica do Colégio Pedro II*: 1837-1937. 2. ed. Brasília: Inep, 1997.

Farinatti, P. T. V. *Criança e atividade física*. Sprint: Rio de Janeiro, 1995.

Ferreira Neto, A. *A pedagogia no exército e na escola*: a educação física brasileira (1880-1950). Aracruz: Facha, 1999.

Foucault, M. *Microfísica do poder*. Rio de Janeiro: Graal, 1986.

Goellner, S. V. O método francês e a Educação Física no Brasil: da caserna à escola. In: Encontro de História da Educação Física e do Esporte, 28-30 out. Campinas, 1993. *Coletânea...* Campinas: FEF/Unicamp, 1993. p. 167-72.

LABBÉ, M. (Org.). *Traite d'education physique.* Paris: Gaston Doin, 1930. 2 v.

MARINHO, A. Postura correta melhora atenção no colégio. *O Globo*, Rio de Janeiro, 2 fev. 2008. Saúde. p. 38.

MARINHO, I. P. *Contribuição para a história da Educação Física no Brasil.* Rio de Janeiro: Imprensa Nacional, 1943.

MELO, V. A. A Educação Física nas escolas brasileiras: esporte ou ginástica? In: FERREIRA NETO, A. (Org.). *Pesquisa histórica em Educação Física.* Aracruz: FACHA, 1998. v. 3, p. 48-68.

MORAES, K. M. K. *Padrões mínimos de funcionamento da escola:* ensino fundamental – ambiente físico escolar. Brasília: Fundescola, 2002.

PAGNI, P. Â. A prescrição dos exercícios físicos e do esporte no Brasil (1850--1920): cuidados com o corpo, educação física e formação moral. In: FERREIRA NETO (Org.). *Pesquisa histórica em Educação Física.* Vitória: CEFD/ Ufes, 1997. v. 2, p. 59-82.

PILATES, J. H.; MILLER, W. J. Return to life through contrology. In: ROBBINS, J.; ROBBINS, L. V. *A Pilates' primer:* the millennium edition. [S.l.]: Presentation Dynamics, 1998a.

_____. Your health. In: ROBBINS, J.; ROBBINS, L. V. *A Pilates' primer:* the millenium edition. [S.l.]: Presentation Dynamics, 1998b.

REBOLHO, M. C. T.; CARDINALI, V. A. Estratégias para ensino de hábitos posturais em crianças: história em quadrinhos versus experiência prática. *Revista do curso de Fisioterapia da Faculdade de Medicina da Universidade de São Paulo*, n. 16, p. 47, 2009.

SALGADO, S.; BUARQUE, C. *O berço da desigualdade.* Brasília: Unesco, 2005.

SOARES, C. L. *Imagens da educação no corpo:* estudo a partir da ginástica francesa no século XIX. Campinas: Autores Associados, 1998.

SOARES, C. L. *Educação Física:* raízes europeias e Brasil. Campinas: Autores Associados, 1994.

SOUZA, M. O autodesenho auxiliando o processo de avaliação com enfoque no método GDS. *Olhar GDS*, n. 4, p. 12, 2010.

TRINDADE, A. *Gestos de cuidado, gestos de amor.* São Paulo: Summus, 2007.

TUBINO, P.; ALVES, E. *Anatomia funcional da criança*: bases morfológicas para a prática pediátrica clínica e cirúrgica. Brasília: UnB/Finatec, 2007.

UNGIER, R.; UNGIER, A. Uma abordagem GDS sobre a construção da imagem do corpo na criança. *Olhar GDS*, 2009, n. 3, p. 5-11, 2009.

VYGOTSKY, L. S. Mind in society: the development of higher psychological processes. Cambridge: Harvard University, 1978. p. 101.

WINNICOTT, D. W. *O brincar e a realidade*. Rio de Janeiro: Imago, 1975.

SOBRE O LIVRO
Formato: 14 x 21 cm
Mancha: 11 x 17,4 cm
Papel: Offset 75 g
nº de páginas: 76
1ª edição: 2016

EQUIPE DE REALIZAÇÃO
Assistência editorial
Liris Tribuzzi

Assessoria editorial
Maria Apparecida F. M. Bussolotti

Edição de Texto
Gerson Silva (Supervisão de revisão)
Fernanda Fonseca (Preparação do original e copidesque)
Roberta Heringer de Souza Villar e Luiz Maffei (Revisão)

Editoração Eletrônica
Évelin Kovaliauskas (Capa)
Vanessa Dal (Projeto gráfico e diagramação)
Ricardo Howards (Ilustrações)

Fotografia
Acervo da autora

Impressão
Intergraf Ind. Gráfica Eireli.